coleção primeiros passos 110

José Luiz dos Santos

O QUE É CULTURA

editora brasiliense

Copyright © by José Luiz dos Santos
Nenhuma parte desta publicação pode ser gravada,
armazenada em sistemas eletrônicos, fotocopiada,
reproduzida por meios mecânicos ou outros quaisquer
sem autorização prévia da editora.

Primeira edição, 1983
16ª edição, 1997
22ª reimpressão, 2017

Diretora Editorial: *Maria Teresa B. de Lima*
Editor: *Max Welcman*
Produção Editorial: *Ione Franco*
Diagramação: *Adriana F. B. Zerbinatti*
Produção Gráfica: *Laidi Alberti*
Revisão: *Ricardo Miyake*
Capa e Ilustrações: *Alfredo Arquivo*

Dados Internacionais de catalogação na Publicação(CIP)
(Câmara Brasileira do Livro, SP, Brasil)

Santos, José Luiz dos, 1949-
    O que é cultura / José Luiz dos Santos.
São Paulo : Brasiliense, 2017. - - (Coleção
Primeiros Passos ; 110)

    22ª reimpr. da 16ª. ed. de 1997.
    ISBN 978-85-11-01110-4

    1. Cultura I. Título. II. Série

07-5249   CDD- 306.4

Índices para catálogo sistemátic o :
1. Cultura : Sociologia   306.4

editora brasiliense ltda
Rua Antonio de Barros, 1720 – Bairro Tatuapé
CEP 03401-001 – São Paulo – SP – Fone 3062-2700
E-mail: contato@editorabrasiliense.com.br
www.editorabrasiliense.com.br

SUMÁRIO

I - Cultura e diversidade 7
II - O que se entende por cultura 21
III - A cultura em nossa sociedade...................................51
IV - Cultura e relações de poder 80
Indicações para leitura..87
Sobre o autor 91

CULTURA E DIVERSIDADE

Cultura é uma preocupação contemporânea, bem viva nos tempos atuais. É uma preocupação em entender os muitos caminhos que conduziram os grupos humanos às suas relações presentes e suas perspectivas de futuro. O desenvolvimento da humanidade está marcado por contatos e conflitos entre modos diferentes de organizar a vida social, de se apropriar dos recursos naturais e transformá-los, de conceber a realidade e expressá-la. A história registra com abundância as transformações por que passam as culturas, seja movidas por suas forças internas, seja em consequência desses contatos e conflitos, mais frequentemente por ambos os motivos. Por isso, ao discutirmos sobre cultura temos sempre em mente a humanidade em toda a sua riqueza e multiplicidade de formas de existência. São complexas as realidades dos agrupamentos humanos e as características que os unem e diferenciam, e a cultura as expressa.

Assim, cultura diz respeito à humanidade como um todo e ao mesmo tempo a cada um dos povos, nações, sociedades e grupos humanos. Quando se considera as culturas particulares que existem ou existiram, logo se constata a grande variação delas. Saber em que medida as culturas variam e quais as razões da variedade das culturas humanas são questões que provocam muita discussão. Por enquanto quero salientar que é sempre fundamental entender os sentidos que uma realidade cultural faz para aqueles que a vivem. De fato, a preocupação em entender isso é uma importante conquista contemporânea.

Cada realidade cultural tem sua lógica interna, a qual devemos procurar conhecer para que façam sentido as suas práticas, costumes, concepções e as transformações pelas quais estas passam. É preciso relacionar a variedade de procedimentos culturais com os contextos em que são produzidos. As variações nas formas de família, por exemplo, ou nas maneiras de habitar, de se vestir ou de distribuir os produtos do trabalho não são gratuitas. Fazem sentido para os agrupamentos humanos que as vivem, são resultado de sua história, relacionam-se com as condições materiais de sua existência. Entendido assim, o estudo da cultura contribui no combate a preconceitos, oferecendo uma plataforma firme para o respeito e a dignidade nas relações humanas.

Notem, porém, que o convite a que se considere cada cultura em particular não pode ser dissociado da necessidade de se considerar as relações entre as culturas. Na verdade, se a compreensão da cultura exige que se pense nos diversos povos, nações, sociedades e grupos humanos, é porque eles estão em interação. Se não estivessem, não haveria necessidade nem motivo nem ocasião para que se considerasse variedade nenhuma.

A riqueza de formas das culturas e suas relações falam bem de perto a cada um de nós, já que convidam a que nos vejamos como seres sociais, nos fazem pensar na natureza dos todos sociais de que fazemos parte, nos fazem indagar sobre as razões da realidade social de que partilhamos e das forças que as mantêm e as transformam. Ao trazermos a discussão para tão perto de nós, a questão da cultura torna-se tanto mais concreta quanto adquire novos contornos. Saber se há uma realidade cultural comum à nossa sociedade torna-se uma questão importante. Do mesmo modo evidencia-se a necessidade de relacionar as manifestações e dimensões culturais com as diferentes classes e grupos que a constituem.

Vejam pois que a discussão sobre cultura pode nos ajudar a pensar sobre nossa própria realidade social. De fato, ela é uma maneira estratégica de pensar sobre nossa sociedade, e isso se realiza de modos diferentes e às vezes contraditórios. A minha preocupação principal aqui é contribuir para esclarecer esse assunto.

Espero tê-los já convencidos de que o tema é importante e que vale a pena estudá-lo e seguir seus desdobramentos. É também um tema repleto de equívocos e armadilhas. Convém desde já que situemos um de seus principais focos de confusão: por que as culturas variam tanto e quais os sentidos de tanta variação.

A partir de uma origem biológica comum, os grupos humanos se expandiram progressivamente, ocupando praticamente a totalidade dos continentes do planeta. Nesse processo, o contato entre grupos humanos foi frequente, mas a intensidade desses contatos foi de forma a permitir muito isolamento, e muitas histórias paralelas marcaram o desenvolvimento dos grupos humanos. O aceleramento desses contatos é recente, e os grupos isolados vão desaparecendo com a tendência à formação de uma civilização mundial.

O desenvolvimento dos grupos humanos se fez segundo ritmos diversos e modalidades variáveis, não obstante a constatação de certas tendências globais. Isso se aplica, por exemplo, às formas de utilização e transformação dos recursos naturais disponíveis. Não só esses recursos são heterogêneos ao longo das terras habitáveis, como ainda territórios semelhantes foram ocupados de modo diferente por populações diferentes. Apesar dessa variabilidade, são notórias algumas tendências dominantes. Assim, por exemplo, em vários lugares e épocas grupos humanos inicialmente nômades e dependentes da caça e da coleta para sua sobrevivência passaram a se sedentarizar, isto é, a viver em aldeias e vilas, acompanhando o desenvolvimento da agricultura e a domesticação de animais.

Não apenas os recursos naturais devem ser considerados quando se pensa no desenvolvimento dos grupos humanos. Mais importante ainda é observar que o destino de cada agrupamento esteve marcado pelas maneiras de organizar e transformar a vida em sociedade e de superar os conflitos de interesse e as tensões geradas na vida social. Assim, por exemplo, a sedentarização que mencionei antes não é uma simples resposta às condições dos recursos naturais. Ela só se tornou viável porque os grupos humanos envolvidos conseguiram reorganizar sua vida social de modo satisfatório, criando novas possibilidades de desenvolvimento, e ao fazer isso conseguiram inclusive alterar as condições dos recursos naturais, como a domesticação de animais e plantas pode provar. São também variadas as formas de organização social, mas do mesmo modo há aqui tendências dominantes, como a de formação de poderosas sociedades com instituições políticas centralizadas.

Muito já se discutiu sobre as maneiras de ordenar essas culturas de tanta variação. Para muitas delas, como a europeia ou a chinesa, pode-se traçar longas sequências históricas e localizar etapas mostrando as transformações nas relações da sociedade com a natureza e principalmente nas relações de seus membros entre si. Os esforços para colocar todas as culturas humanas num único e rígido esquema de etapas não foram, no entanto, bem-sucedidos.

Apesar da existência de tendências gerais constatáveis nas histórias das sociedades, não é possível estabelecer sequências fixas capazes de detalhar as fases por que passou cada realidade cultural. Cada cultura é o resultado de uma história particular, e isso inclui também suas relações com outras culturas, as quais podem ter características bem diferentes. Assim, falar, por exemplo, nas etapas humanas da selvageria, barbárie e civilização pode ajudar a entender o aparecimento da sociedade burguesa na Europa, mas não é suficiente para dar conta de culturas que por longo tempo se desenvolveram fora do âmbito dessa civilização.

Vamos pensar um pouco mais sobre isso. Até aqui estamos falando de cultura como tudo aquilo que caracteriza uma população humana. Nesse caso, duas são as possibilidades básicas de relacionarmos diferentes culturas entre si. No primeiro caso, pensa-se em hierarquizar essas culturas segundo algum critério. Por exemplo, usando-se o critério de capacidade de produção material pode-se dizer que uma cultura é mais avançada do que outra. Ou então, se compararmos essas culturas de acordo com seu controle de tecnologias específicas, como por exemplo as tecnologias de metais, poderemos pensar que uma é mais desenvolvida do que a outra.

Na segunda possibilidade de relacionar diferentes culturas, nega-se que seja viável fazer qualquer hierarquização. Argumenta-se aqui que cada cultura tem seus próprios critérios de avaliação e que para uma tal hierarquização ser construída é necessário subjugar uma cultura aos critérios de outra. Por exemplo, vamos pensar em duas culturas primitivas, uma nômade praticando a caça e a coleta, outra habitando vilas e praticando a agricultura. Segundo aquele argumento, já que a domesticação de plantas da qual a agricultura é resultado não faz parte da primeira cultura, não haveria como julgá-la menos desenvolvida que a segunda, com base nesse critério de comparação.

Cultura e evolução

No século XIX foram feitos muitos estudos procurando hierarquizar todas as culturas humanas, existentes ou extintas, e essa segunda perspectiva que mencionei acima criticou-as fortemente. Segundo as versões mais comuns desses estudos, a humanidade passaria por etapas sucessivas de evolução social, que a conduziriam desde um estágio primordial onde se iniciaria a distinção da espécie humana de outras espécies animais até a civilização tal como conhecida na Europa ocidental de então. Todas as sociedades humanas fariam necessariamente parte dessa escala evolutiva, dessa evolução em linha única. Assim, a diversidade de sociedades existentes no século XIX representaria estágios diferentes da evolução humana: sociedades indígenas da Amazônia poderiam ser classificadas no estágio da selvageria; reinos africanos, no estágio da barbárie. Quanto à Europa classificada no estágio da civilização, considerava-se que ela já teria passado por aqueles outros estágios.

Não foi difícil perceber nessa concepção de evolução por estágios uma visão europeia da humanidade, uma visão que utilizava concepções europeias para construir a escala evolutiva, e que além do mais servia aos propósitos de legitimar o processo que se vivia de expansão e consolidação do domínio dos principais países capitalistas sobre os demais povos do mundo. As concepções de evolução linear foram atacadas com a ideia de que cada cultura tem sua própria verdade e que a classificação dessas culturas em escalas hierarquizadas era impossível, dada a multiplicidade de critérios culturais.

Tais esforços de classificação de culturas não implicavam apenas a justificação do domínio das sociedades capitalistas centrais, que naqueles esquemas globais apareciam no topo da humanidade, sobre o resto do mundo. Ideias racistas também se associaram àqueles esforços; muitas vezes os povos não europeus foram considerados inferiores, e isso era usado como justificativa para seu domínio e exploração.

Estudos sistemáticos e detalhados de muitas culturas permitiram destruir os falsos argumentos dessas concepções preconceituosas. Não existe relação necessária entre características físicas de grupos humanos e suas formas culturais, nem tampouco a multiplicidade das culturas implica quebra da unidade biológica da espécie humana. A diversidade das culturas existentes acompanha a variedade da história humana, expressa possibilidades de vida social organizada e registra graus e formas diferentes de domínio humano sobre a natureza.

A ideia de uma linha de evolução única para as sociedades humanas é, pois, ingênua e esteve ligada ao preconceito e discriminação raciais. Por outro lado, a relativização total do estudo das culturas desvia a atenção de indagações importantes a respeito da história da humanidade, como é o caso da constatação de regularidades nos processos de transformação dos grupos humanos e da importância da produção material na história dessas transformações.

Cultura e relativismo

Passa-se assim da demonstração da diversidade das culturas para a constatação do relativismo cultural. Observem o quanto essa equação é enganosa. Só se pode propriamente respeitar a diversidade cultural se se entender a inserção dessas culturas particulares na história mundial. Se insistirmos em relativizar as culturas e só vê-las de dentro para fora, teremos de nos recusar a admitir os aspectos objetivos que o desenvolvimento histórico e da relação entre povos e nações impõe. Não há superioridade ou inferioridade de culturas ou traços culturais de modo absoluto, não há nenhuma lei natural que diga que as características de uma cultura a façam superior a outras. Existem no entanto processos históricos que as relacionam e estabelecem marcas verdadeiras e concretas entre elas.

O absurdo daquela equação acima referida se manifesta no fato de que enquanto a ciência social dos países capitalistas centrais elaborava teorias relativistas da cultura, sua civilização avançava implacavelmente, conquistando e destruindo povos e nações, tendo como instrumento uma capacidade de produção material que não é nem um pouco relativa.

Vemos, pois, que a questão não é só pensar na evolução de sociedades humanas, mas fundamentalmente entender a história da humanidade. O século XIX, em que esse confronto de ideias se consolidou, indicava os caminhos de uma civilização mundial em que as muitas culturas humanas deveriam inevitavelmente encontrar o seu destino, quando não seu fim. Já agora a compreensão dessa civilização mundial exige o entendimento dos múltiplos percursos que levaram a ela. O estudo das culturas e de suas transformações é fundamental para isso. Enfatizar a relatividade de critérios culturais é uma questão estéril quando se depara com a história concreta, que faz com que essas realidades culturais se relacionem e se hierarquizem.

As culturas e sociedades humanas se relacionam de modo desigual. As relações internacionais registram desigualdades de poder em todos os sentidos, os quais hierarquizam de fato os povos e nações. Este é um fato evidente da história contemporânea e não há como refletir sobre cultura ignorando essas desigualdades. É necessário reconhecê-las e buscar sua superação.

Cultura e sociedade

Há muito em comum entre essas discussões sobre as relações entre culturas de sociedades diferentes quando se pensa sobre a cultura de uma sociedade em particular.

Também aí a variedade de formas culturais se manifesta, e sempre se coloca a questão de como tratar esse assunto. Pensem, por exemplo, numa sociedade como a brasileira. A sociedade nacional tem classes e grupos sociais, tem regiões de características bem diferentes; a população difere ainda internamente segundo, por exemplo, suas faixas de idade, ou segundo seu grau de escolarização. Além disso, a população nacional foi constituída com contingentes originários de várias partes do mundo. Tudo isso se reflete no plano cultural.

Existem realidades culturais internas à nossa sociedade que podem ser tratadas, e muitas vezes o são, como se fossem culturas estranhas. Isso se aplica não só às sociedades indígenas do território brasileiro, mas também a grupos de pessoas vivendo no campo ou na cidade, sejam lugares isolados, de características peculiares, sejam agrupamentos religiosos fechados que existem no interior das grandes metrópoles. Pode-se tentar demonstrar suas lógicas internas, sua capacidade de emitir pronunciamentos, de interpretar a realidade que as produz, de agir sobre essa realidade.

É importante considerar a diversidade cultural interna à nossa sociedade; isso é de fato essencial para compreendermos melhor o país em que vivemos. Mesmo porque essa diversidade não é só feita de ideias; ela está também relacionada com as maneiras de atuar na vida social, é um elemento que faz parte das relações sociais no país. A diversidade também se constitui de maneiras diferentes de viver, cujas razões podem ser estudadas, contribuindo dessa forma para eliminar preconceitos e perseguições de que são vítimas grupos e categorias de pessoas.

Observem que também no estudo de uma sociedade particular não faria sentido considerar de maneira isolada cada uma das formas culturais diversas nela existentes. Elas certamente fazem parte de processos sociais mais globais. Assim, um grupo religioso, por exemplo, por mais particulares que sejam suas concepções e práticas de vida social, existe no interior de uma sociedade dinâmica, cujas características e cujos problemas ele não pode evitar. Mesmo as sociedades indígenas mais afastadas têm seu destino ligado à sociedade nacional que em sua expansão as envolve, coloca em risco sua sobrevivência física e cultural, conduz a mudanças em sua forma de viver e as introduz a novas concepções de vida, a novas técnicas, a um novo idioma e a novos problemas.

De modo que, no estudo da cultura em nossa sociedade, valem as mesmas observações feitas anteriormente em relação ao relativismo. Observem que vivemos numa sociedade que tem uma classe dominante, cujos interesses prevalecem. Se fôssemos relativizar os critérios culturais existentes no interior da sociedade acabaríamos por justificar as relações de dominação e o exercício tradicional do poder: eles também seriam relativos.

Assim, tanto no estudo de culturas de sociedades diferentes quanto das formas culturais no interior de uma sociedade, mostrar que a diversidade existe não implica concluir que tudo é relativo, apenas entender as realidades culturais no contexto da história de cada sociedade, das relações sociais dentro de cada qual e das relações entre elas. Nem tudo que é diverso o é da mesma forma. Não há razão para querer imortalizar as facetas culturais que resultam da miséria e da opressão. Afinal, as culturas movem-se não apenas pelo que existe, mas também pelas possibilidades e projetos do que pode vir a existir.

O QUE SE ENTENDE
POR CULTURA

Desde o século passado tem havido preocupações sistemáticas em estudar as culturas humanas, em discutir sobre cultura. Esses estudos se intensificaram na medida em que se aceleravam os contatos, nem sempre pacíficos, entre povos e nações. As preocupações com cultura se voltaram tanto para a compreensão das sociedades modernas e industriais quanto das que iam desaparecendo ou perdendo suas características originais em virtude daqueles contatos. Contudo, toda essa preocupação não produziu uma definição clara e aceita por todos do que seja cultura. Por cultura se "entende muita coisa", e a maneira como falei dela nas páginas anteriores é apenas um entre muitos sentidos comuns de cultura.

Vejamos alguns desses sentidos comuns. Cultura está muito associada a estudo, educação, formação escolar. Por vezes se fala de cultura para se referir unicamente às manifestações artísticas, como o teatro, a música, a pintura, a escultura. Outras vezes, ao se falar na cultura da nossa época ela é quase identificada com os meios de comunicação de massa, tais como o rádio, o cinema a televisão. Ou então cultura diz respeito às festas e cerimônias tradicionais, às lendas e crenças de um povo, ou a seu modo de se vestir, à sua comida a seu idioma. A lista pode ser ampliada.

Já eu tenho falado de cultura de maneira mais genérica, preocupado com tudo o que caracteriza uma população humana. Não há por que nos confundirmos com tanta variação de significado. O que importa é que pensemos sobre os motivos de tanta variação, que localizemos as ideias e temas principais sobre os quais elas se sustentam. Vamos então cercar o assunto, localizar os sentidos básicos da concepção de cultura, mostrar como eles se desenvolveram. A partir disso nós poderemos entender afinal o que é cultura e dar andamento às nossas discussões.

As duas concepções básicas de cultura

As várias maneiras de entender o que é cultura derivam de um conjunto comum de preocupações que podemos localizar em duas concepções básicas.

A primeira concepção de cultura remete a todos os aspectos de uma realidade social; a segunda refere-se mais especificamente ao conhecimento, às ideias e crenças de um povo.

A primeira dessas concepções preocupa-se com todos os aspectos de uma realidade social. Assim, cultura diz respeito a tudo aquilo que caracteriza a existência social de um povo ou nação" ou então de grupos no interior de uma sociedade. Podemos assim falar na cultura francesa ou na cultura xavante. Do mesmo modo falamos na cultura camponesa ou então na cultura dos antigos astecas. Nesses casos, cultura refere-se a realidades sociais bem distintas. No entanto, o sentido em que se fala de cultura é o mesmo: em cada caso dar conta das características dos agrupamentos a que se refere, preocupando-se com a totalidade dessas características, digam elas respeito às maneiras de conceber e organizar a vida social ou a seus aspectos materiais.

Embora essa concepção de cultura possa ser usada de modo genérico, ela é mais usual quando se fala de povos e de realidades sociais bem diferentes das nossas, com os quais partilhamos de poucas características em comum, seja na organização da sociedade, na forma de produzir o necessário para a sobrevivência ou nas maneiras de ver o mundo.

Mas eu disse que havia duas concepções básicas de cultura. Vamos à segunda. Neste caso, quando falamos em cultura estamos nos referindo mais especificamente ao conhecimento, às ideias e crenças, assim como às maneiras como eles existem na vida social. Observem que mesmo aqui a referência à totalidade de características de uma realidade social está presente, já que não se pode falar em conhecimento, ideias, crenças sem pensar na sociedade à qual se referem. O que ocorre é que há uma ênfase especial no conhecimento e dimensões associadas. Entendemos neste caso que a cultura diz respeito a uma esfera, a um domínio, da vida social.

De acordo com esta segunda concepção, quando falarmos em cultura francesa poderemos estar fazendo referência à língua francesa, à sua literatura, ao conhecimento filosófico, científico e artístico produzidos na França e às instituições mais de perto associadas a eles. Outro exemplo comum desta segunda concepção de cultura é a referência à cultura alternativa, compreendendo tendências de pensar a vida e a sociedade na qual a natureza e a realização individual são enfatizadas, e que tem por temas principais a ecologia, a alimentação, o corpo, as relações pessoais e a espiritualidade. Ao se falar em cultura alternativa inclui-se também as instituições associadas, como lojas de produtos naturais e clínicas de medicina alternativa, e da mesma forma seus meios de divulgação.

Devo alertá-los de que ambas as concepções levam muitas vezes a que se entenda a cultura como uma realidade estanque, parada. O esforço de entender as culturas, de localizar traços e características que as distingam, pode acabar levando a que se pense a cultura como algo acabado, fechado, estagnado. Como já disse antes, as culturas humanas são dinâmicas. De fato, a principal vantagem de estudá-las é por contribuírem para o entendimento dos processos de transformação por que passam as sociedades contemporâneas. Esse é um ponto muito importante. Como veremos a seguir, as próprias concepções de cultura estão ligadas muito de perto a esses processos.

Desenvolvimento das preocupações com cultura

A constatação da variedade de modos de vida entre povos e nações é um elemento fundamental das preocupações com cultura. Tanto assim que é impossível discutirmos sobre cultura sem fazermos referência a ela. Essa é sem dúvida uma constatação registrada entre muitos povos desde a Antiguidade. Sabe-se também que de longa data se indagou sobre as razões que explicavam a existência de costumes, modos de vida, práticas e crenças de povos diferentes. Pode-se encontrar reflexões sobre esses temas em autores da Grécia, Roma e China antigas, por exemplo.

As preocupações sistemáticas com a questão da cultura são, porém, bem mais recentes. Desenvolveram-se a partir do século XVIII na Alemanha. Cultura era então uma preocupação de pensadores engajados em interpretar a história humana, em compreender a particularidade dos costumes e crenças, em entender o desenvolvimento aos povos no contexto das condições materiais em que se desenvolviam. É muito importante que vocês notem que a Alemanha era então uma nação dividida em várias unidades políticas. A discussão sobre cultura tinha assim um sentido muito especial: ela procurava expressar uma unidade viva daquela nação não unificada politicamente, servia para falar de todos os alemães na falta de uma organização política comum.

Caminhou-se dessa maneira para consolidar as modernas preocupações com cultura, procurando dar conta sistematicamente de uma diversidade de maneiras de viver que já havia sido motivo de reflexão por séculos. Observem, porém, que se essa preocupação já existia, a palavra cultura percorreu um longo caminho até adquirir esse sentido. Cultura é palavra de origem latina e em seu significado original está ligada

A primeira concepção de cultura remete a todos os aspectos de uma realidade social; a segunda refere-se mais especificamente ao conhecimento, às ideias e crenças de um povo.

às atividades agrícolas. Vem do verbo latino colere, que quer dizer cultivar. Pensadores romanos antigos ampliaram esse significado e a usaram para se referir ao refinamento pessoal, e isso está presente na expressão cultura da alma. Como sinônimo de refinamento, sofisticação pessoal, educação elaborada de uma pessoa, cultura foi usada constantemente desde então e é até hoje.

Mas retomemos ao significado moderno de cultura. Essas preocupações que cultura passou a expressar tornaram-se tanto mais importantes quanto a partir do século XIX foi-se intensificando o poderio das nações europeias frente aos povos do mundo. Aumentaram então os contatos entre as nações da Europa, industrializadas e sedentas de novos mercados, e populações do resto do mundo. Sociedades antes isoladas foram subjugadas e incorporadas ao âmbito de influência europeia. Foi nessa época que a preocupação com cultura se generalizou como uma questão científica; foi a partir de então que as ciências humanas passaram a tratar sistematicamente dela.

É preciso considerarmos dois aspectos principais aos quais a consolidação das preocupações com cultura esteve associada. Em primeiro lugar, foi no século XIX que se tornou dominante uma visão laica, quer dizer, não religiosa, do mundo social e da vida humana. Até então o cristianismo tivera força para se impor na definição de práticas e comportamentos;

a visão de mundo cristã oferecia à Europa os modelos principais que ordenavam o conhecimento e a interpretação do mundo e das relações sociais.

A ruptura com essa visão religiosa se fez através de preocupações com o entendimento da origem e transformação da sociedade e também das espécies de vida. Nesse sentido, as novas teorias biológicas e sociais desse século culminaram com uma visão da humanidade firmemente ancorada numa teoria da evolução das espécies, ou seja, da humanidade como uma espécie animal produzida por transformações a partir de outras formas de vida; numa humanidade com uma vida social também sujeita à evolução em virtude de fatores materiais que podiam ser estudados. Isso ia contra as ideias anteriormente dominantes, de cunho religioso, e que pregavam ter sido o homem criado diretamente pela divindade, uma divindade que atuava também na história das sociedades humanas.

Nesse contexto de discussão sobre evolução, cultura servia tanto para diferenciar populações humanas entre si quanto para distinguir o humano de outras formas animais. Daí derivam muitas das dificuldades em definir cultura. Assim, quando se comparava povos diferentes, cultura era uma palavra usada para expressar a totalidade das características e condições de vida de um povo. Trata-se de uma ideia muito ampla, como vocês podem ver. Além disso, como cultura estava ligada à distinção entre o humano e o animal, há um sentido em que tudo que é cultural é humano, e tudo que é humano é cultural. Novamente, a ideia é muito genérica, difícil de precisar.

O desenvolvimento dessas teorias científicas sobre a vida e a sociedade é de fato muito importante para entendermos as preocupações sistemáticas com cultura. Lembrem que várias vezes associei a discussão sobre cultura com a questão da variedade dos povos e modos de vida. Se fosse só por isso, não teria sido necessário esperar tantos séculos para que a discussão sobre cultura se firmasse, pois além de a própria Europa ser diversificada em povos e nações, contatos com povos muito diversos eram antigos e as conquistas coloniais já tinham estabelecido relações sistemáticas com outras culturas desde o século XVI. É que até então essas questões podiam ser respondidas, podiam ser enquadradas pela interpretação de cunho religioso. As preocupações sistemáticas com cultura nasceram associadas a novas formas de conhecimento.

Assim, este é um dos aspectos principais com que a consolidação das preocupações com cultura esteve associada: a sua vinculação com as novas preocupações de conhecimento científico do século XIX. Há outro: lembrem-se que as potências europeias encontravam-se então em marcado processo de expansão, incorporando nações e territórios em outros continentes e submetendo suas populações a seu mando político e controle militar. A discussão sobre cultura estava ligada às preocupações de entender os povos e nações que se subjugava. Ela era alimentada por essa expansão política e econômica das sociedades industrializadas, que lhe fornecia campo de observação e possibilitava o acesso a material para estudo.

Nesse sentido, as preocupações com cultura contribuíram para delimitar intelectualmente a posição internacional do Ocidente. Essa posição se realizou através da dominação política e econômica, e também da imposição de suas próprias concepções culturais aos povos sob domínio e controle. Lembrem-se que o debate intelectual ao qual as preocupações com cultura estavam associadas fornecia interpretações, como na visão de evolução linear das sociedades, que permitiam fosse considerado superior tudo que fosse ocidental. As preocupações com cultura tinham essa marca de legitimadoras da dominação colonial.

Assim a moderna preocupação com cultura nasceu associada tanto a necessidades do conhecimento quanto às realidades da dominação política. Ela faz parte tanto da história do desenvolvimento científico quanto da história das relações internacionais de poder. Esta é uma relação muito íntima. De fato, o próprio entendimento moderno do que seja uma nação tem muito a ver com as dicussões sobre cultura. Vamos pensar um pouco mais sobre isso, já que é importante para discutir sobre cultura em países como o nosso.

Cultura e nação

Já vimos antes que em seu desenvolvimento a concepção de cultura esteve relacionada às particularidades da nação alemã. Assim, na Alemanha dos séculos XVIII e XIX a ideia de que havia uma cultura comum unindo as várias unidades políticas que a constituíam servia para estabelecer um plano objetivo de unidade, na falta de uma unidade política comum. No caso, cultura podia ser vista como a expressão de uma nação que não tinha Estado.

Nos Estados Unidos da América do Norte e na América Latina, as preocupações com cultura têm feito parte constantemente das reflexões sobre a realidade desses países. Essas discussões estão mesmo ligadas ao processo de constituição de nações modernas. São discussões que procuram saber o que há na cultura de especificamente estadunidense ou peruano ou brasileiro, por exemplo. Elas servem de referências no processo de incorporação às sociedades nacionais de populações nativas dominadas pela conquista europeia e de imigrantes de toda parte do mundo que para as Américas vieram. Assim, nas Américas do século XX, diferentemente da Alemanha dos séculos anteriores, as discussões sobre cultura expressam projetos de nação em Estados derivados da colonização europeia dessas terras.

Para citar ainda outro exemplo dessa relação entre cultura e nação, podemos mencionar a Rússia do século XIX, um império contendo uma diversidade de povos e que estava igualmente preocupado em estabelecer uma realidade cultural comum. De fato, a preocupação com cultura continuou mesmo após a revolução comunista de 1917 e esteve presente na definição da política das nacionalidades do Estado soviético.

Notem que em todas essas experiências históricas em que a discussão sobre cultura foi parenta da questão da nação houve um importante ponto em comum: tratava-se de unidades políticas que queriam definir o que lhes era próprio, específico, em relação às nações política e economicamente dominantes. Foi assim na Alemanha do século XVIII, período em que a Inglaterra e França eram econômica, política e intelectualmente as mais poderosas nações europeias. Assim foi na Rússia do século XIX, um país em posição inferior às potências europeias. O mesmo pode ser dito da América Latina, e dos Estados Unidos antes que este país atingisse a condição de potência dominadora que hoje ocupa. Nesses casos todos a realidade de cada país foi pensada tendo por referência a cultura dominante no Ocidente, entendendo-se aí cultura tanto no seu aspecto material quanto de formas de conhecimento e concepções sobre a vida e a sociedade.

Na América Latina, e o Brasil é bem um caso, as culturas de povos e nações que habitavam suas terras antes da conquista europeia foram sistematicamente tratadas como mundos à parte das culturas nacionais que se desenvolveram. A importância delas para essas culturas nacionais só costuma ser reconhecida na medida em que contribuem para esta última, em que fornecem elementos e características que dão a esta caráter particular, tais como comidas, nomes, roupas, lendas. Da mesma forma são tratadas as contribuições culturais das populações que vieram para cá como imigrantes de outras partes do mundo, ou que para cá foram trazidas como escravas.

Assim, é comum que na América Latina as discussões sobre cultura se refiram a uma história de contribuições culturais de múltipla origem, as quais têm por polo de integração os processos que são dominantes no mundo ocidental no que concerne à produção econômica, à organização da sociedade, à estrutura da família, ao direito e às ideias, concepções e modos de conhecimentos. É preciso cautela com essa tendência a entender países como o nosso como uma mistura de traços culturais. Como veremos numa sessão posterior, o importante para pensarmos a nossa realidade cultural é entendermos o processo histórico que a produz, as relações de poder e o confronto de interesses dentro da sociedade.

Preocupações da cultura

Há algumas preocupações por assim dizer embutidas nas discussões sobre cultura que vêm de longa data e convém mencionar aqui.

Cultura pode por um lado referir-se à "alta cultura", à cultura dominante, e por outro, a qualquer cultura. No primeiro caso, cultura surge em oposição à selvageria, à barbárie; cultura é então a própria marca da civilização. Ou ainda, a "alta cultura" surge como marca das camadas dominantes da população de uma sociedade; se opõe à falta de domínio da língua escrita, ou à falta de acesso à ciência, à arte e à religião daquelas camadas dominantes. No segundo caso, pode-se falar de cultura a respeito de qualquer povo, nação, grupo ou sociedade humana. Considera-se como cultura todas as maneiras de existência humana.

Essa tensão entre referir-se a uma cultura dominante ou a qualquer cultura permanece, e explica em parte a multiplicidade de significados do que seja cultura, que mencionei anteriormente. Notem que é no segundo sentido que as ciências sociais costumam falar de cultura, e é neste sentido que tenho falado dela aqui.

Nas transformações da ideia de cultura durante os séculos XVIII e XIX, a discussão sobre cultura surgiu associada a uma tentativa de distinguir entre aspectos materiais e não materiais da vida social, entre a matéria e o espírito de uma sociedade. Até que o uso moderno de cultura se sedimentasse, cultura competiu com a ideia de civilização, muito embora seus conteúdos fossem frequentemente trocados. Assim, ora civilização, ora cultura serviam para significar os aspectos materiais da vida social, o mesmo ocorrendo com universo de ideias, concepções, crenças.

Com o passar do tempo, cultura e civilização ficaram quase sinônimas, se bem que usualmente se reserve civilização para fazer referência a sociedades poderosas, de longa tradição histórica e grande âmbito de influência. Além do mais, usa-se cultura para falar não apenas em sociedades, mas também em grupos no seu interior, o que não ocorre com civilização. Quanto àquela preocupação em distinguir aspectos da vida social, ela permaneceu associada às discussões sobre cultura. Embora esta seja com frequência entendida como a dimensão não material da sociedade, a preocupação com os aspectos materiais não a abandonou.

Apesar de todas as variações na maneira de conceber cultura, quero ressaltar que sua discussão contém tendências fortes e importantes, qual seja, que a discussão sobre cultura tem a humanidade como referência e ao mesmo tempo procura dar conta de particularidades de cada realidade cultural. Pensem também que essa humanidade não é só uma ideia vaga, pois, com o processo de expansão dos centros de poder contemporâneos, de conquista e incorporação acelerada de povos e nações, do estabelecimento de relações perduráveis de interdependência e de processos comuns de mudança política, a humanidade surge com força no panorama da história comum a todos, da civilização mundial que cada vez mais toma corpo.

É importante ainda lembrar que essas discussões sobre cultura firmaram-se no mesmo período em que outras abordagens se preocupavam em estudar criticamente as características internas da sociedade capitalista, em estudar as condições para a sua superação e contribuir para as lutas operárias. Estudava-se assim a natureza das classes sociais e sua dinâmica, a expansão do capitalismo e seus fundamentos. Os dois planos de estudo, o da cultura e o da sociedade de classes, andam muitas vezes separados, mas nada impede que os pensemos conjuntamente.

Relações entre as duas concepções básicas de cultura

Como as páginas anteriores sugerem, desde muito tempo as preocupações com cultura orientam-se pelas duas concepções básicas que já havíamos discutido: ou tratam da totalidade das características de uma realidade social, ou dizem respeito ao conhecimento que a sociedade, povo, nação ou grupo social tem da realidade e à maneira como o expressam. Assim, a preocupação com a totalidade sedimentou-se na concepção de cultura da ciência do século XIX. Já a associação de cultura com conhecimento é mais antiga, vinda da relação de cultura com erudição, refinamento pessoal.

É do relacionamento entre essas duas concepções básicas que se origina a maneira de entender cultura, que pode ser um instrumento de estudo das sociedades contemporâneas. Vejamos como isso ocorre.

Falar da totalidade das características de um povo, nação, sociedade, é uma ideia muito ampla para cultura, algo muito vasto e difícil de operacionalizar. Apesar disso, é uma ideia útil quando estão em comparação realidades sociais muito distintas, resultados de experiências históricas muito diferentes. Sociedades assim comparadas podem diferir fundamentalmente em sua organização da vida social, nas maneiras de definir as relações de parentesco entre seus membros, de regular o casamento e a reprodução, na produção do necessário para a sobrevivência, nas técnicas, nos instrumentos e nos utensílios, nas suas concepções, crenças e em tantos outros aspectos. Preocupar-se com a totalidade dessas características é inevitável em casos assim, já que é tudo isso que torna cada uma das sociedades diferente.

Mas o encontro entre sociedades assim vai-se tornando raro. Com a aceleração da interação entre povos, nações, culturas particulares, diminui a possibilidade de falar em cultura como totalidade, pois a tendência à formação de uma civilização mundial faz com que os povos, as nações, as culturas particulares existentes partilhem características comuns fundamentais. Falar de culturas isoladas e únicas vai perdendo a viabilidade, pois não seria essa realidade comum, a civilização mundial, que vai poder distinguir suas experiências particulares. Assim, por exemplo, por mais diferenças que possam existir entre países como Brasil, Peru, Quênia e Indonésia, todos eles partilham processos históricos comuns e contêm importantes semelhanças em sua existência social, buscam desenvolver suas economias dependentes, superar desigualdades sociais internas e atingir padrões internacionais de qualidade de vida. É uma situação bem diferente, vejam bem, dos contatos iniciais da sociedade inglesa com sociedades nativas da Oceania ou com reinos da África ou da sociedade brasileira com sociedades indígenas da Amazônia.

Não é de se estranhar, pois, que prevaleça nas preocupações com cultura aquela tendência a procurar localizar e entender os aspectos da vida social não diretamente materiais. Lembrem-se de que a discussão de cultura está muito ligada à constatação da diversidade. E é nesses aspectos não materiais que a diversidade se expressa com mais vigor. Mas notem que a preocupação em entender toda a vida social não foi abandonada nas discussões sobre cultura; ela foi transformada. De fato, cultura tende a se transformar numa área de reflexão sobre a realidade onde aquelas duas preocupações básicas se mesclam. Assim, cultura passa a ser entendida como uma dimensão da realidade social, a dimensão não material, uma dimensão totalizadora, pois entrecorta os vários aspectos dessa realidade. Ou seja, em vez de se falar em cultura como a totalidade de características, fala-se agora em cultura como a totalidade de uma dimensão da sociedade.

Essa dimensão é a do conhecimento num sentido ampliado, é todo conhecimento que uma sociedade tem sobre si mesma, sobre outras sociedades, sobre o meio material em que vive e sobre a própria existência. Cultura inclui ainda as maneiras como esse conhecimento é expresso por uma sociedade, como é o caso de sua arte, religião, esportes e jogos, tecnologia, ciência, política. O estudo da cultura assim compreendida volta-se para as maneiras pelas quais a realidade que se conhece é codificada por uma sociedade, através de palavras, ideias, doutrinas, teorias, práticas costumeiras e rituais. O estudo da cultura procura entender o sentido que fazem essas concepções e práticas para a sociedade que as vive, buscando seu desenvolvimento na história dessa sociedade e mostrando como a cultura se relaciona às forças sociais que movem a sociedade.

O que é cultura

Por mais diferenças que possam existir entre os países, todos partilham processos históricos comuns e têm importantes semelhanças em sua existência social.

Uma maneira mais complicada de apresentar essa dimensão é dizer "que a cultura inclui o estudo de processos de simbolização, ou seja, de processos de substituição de uma coisa por aquilo que a significa, que permitem, por exemplo, que uma ideia expresse um acontecimento, descreva um sentimento ou uma paisagem; ou então que a distribuição de pessoas numa sala durante uma conversa formal possa expressar as relações de hierarquia entre elas. Assim, a ideia de uma divindade única pode ser vista como significado de unidade social; nas brincadeiras infantis tradicionais numa sociedade como a nossa pode-se mostrar a presença simbólica de mecanismos de competição e hierarquia do "mundo dos adultos".

De fato, os processos de simbolização são muito importantes no estudo da cultura. É a simbolização que permite que o conhecimento seja condensado, que as informações sejam processadas, que a experiência acumulada seja transmitida e transformada. Não se entusiasmem muito, porém, com os exemplos acima, a ponto de saírem por aí localizando significados ocultos em cada prática cultural, em cada elemento da cultura, em cada produto cultural. Isso pode atrapalhá-los, ao invés de contribuir para que vocês conheçam sua sociedade. Vejamos por quê.

Em primeiro lugar, cultura diz sempre respeito a processos globais dentro da sociedade, e ficar enfatizando relações miúdas de significado pode fazer com que vocês percam de vista aqueles. Na verdade tais elementos só fazem sentido dentro daqueles processos. Assim, só se pode entender a importância das brincadeiras infantis estudando toda formação cultural que se dá às crianças e localizando-as dentro desta. Da mesma maneira, mais importante que localizar o significado da divindade única é entender o que significa a religião numa sociedade, estudar o conjunto de suas concepções, ver como ela se organiza, que conflitos carrega, que interesses expressa.

Em segundo lugar, uma ênfase desse tipo pode desviar a atenção do fato de que cultura está associada a conhecimento, o qual tem uma característica fundamental: o de ser fator de mudança social, de servir não apenas para descrever a realidade e compreendê-la, mas também para apontar-lhe caminhos e contribuir para sua modificação. Ou seja, reduzindo a cultura ao estudo do simbolismo de seus elementos pode-se acabar entendendo cultura como uma dimensão mecânica da vida social, algo que sempre expressa apaticamente alguma outra coisa, e com isso obscurecer o caráter transformador do conhecimento.

Em terceiro lugar, esse tipo de ênfase simbolista pode induzir vocês a entender cultura como uma dimensão neutra, cujos elementos expressam, por exemplo, a desigualdade porque existe desigualdade na vida social. No entanto é preciso considerar que a própria cultura é um motivo de conflito de interesses nas sociedades contemporâneas, um conflito pela sua definição, pelo seu controle, pelos benefícios que pode assegurar.

Vemos assim que cultura está sempre associada a outras preocupações do estudo da sociedade, leva a pensar nas relações de poder e exige que se considere a organização social. Isso faz com que as duas concepções básicas de cultura de que Ihes falei permaneçam presentes: ao falarmos de cultura nos referimos principalmente à dimensão de conhecimento de uma sociedade, mas sempre temos em mente a sociedade como um todo. O estudo da cultura exige que consideremos a transformação constante por que passam as sociedades, uma transformação de suas características e das relações entre categorias, grupos e classes sociais no seu interior. A essa transformação constante me referi falando de processo social.

Então, o que é cultura

Cultura é uma dimensão do processo social, da vida de uma sociedade. Não diz respeito apenas a um conjunto de práticas e concepções, como por exemplo se poderia dizer da arte. Não é apenas uma parte da vida social como por exemplo se poderia falar da religião. Não se pode dizer que cultura seja algo independente da vida social, algo que nada tenha a ver com a realidade onde existe. Entendida dessa forma, cultura diz respeito a todos os aspectos da vida social, e não se pode dizer que ela exista em alguns contextos e não em outros.

Cultura é uma construção histórica, seja como concepção, seja como dimensão do processo social. Ou seja, a cultura não é "algo natural", não é uma decorrência de leis físicas ou biológicas. Ao contrário, a cultura é um produto coletivo da vida humana. Isso se aplica não apenas à percepção da cultura, mas também à sua relevância, à importância que passa a ter. Aplica-se ao conteúdo de cada cultura particular, produto da história de cada sociedade. Cultura é um território bem atual das lutas sociais por um destino melhor. E uma realidade e uma concepção que precisam ser apropriadas em favor do progresso social e da liberdade, em favor da luta contra a exploração de uma parte da sociedade por outra, em favor da superação da opressão e da desigualdade.

As preocupações contemporâneas com cultura estão muito relacionadas com a civilização ocidental. Nela se desenvolveram, com seu crescimento se espalharam. A discussão de cultura não tem, por exemplo, a mesma relevância nas sociedades tribais que tem nas sociedades de classe, da mesma maneira que o próprio estudo da sociedade tribal é mais relevante aqui do que lá. Em ambos os casos, tanto na discussão sobre cultura, quanto na preocupação em estudar sociedades diferentes, os impulsos se localizam na civilização dominante. E é pelos olhos dessa civilização que a ciência vê o mundo e procura compreender a ela e a seus destinos. Por exemplo, o estudo de sociedades e culturas estranhas é também uma forma de, por comparação, entender o que é mais de perto conhecido.

Notem que se pensarmos em cultura como dimensão do processo social podemos também falar em cultura numa sociedade primitiva, em cultura das sociedades indígenas brasileiras, por exemplo. Mas notem também que nem cultura é a mesma coisa lá e aqui, nem seu significado é igual em ambos os casos. Apenas nesse sentido genérico de serem dimensão do processo social é que se pode falar igualmente em cultura. Como se tratam de sociedades com características que as diferenciam bastante, o conteúdo do que é cultura, a dinâmica da cultura, a importância da cultura – tudo isso deve variar bastante.

Mas vejam que essas sociedades indígenas encontram-se em interação crescente com a sociedade nacional, passam a participar de processos sociais comuns, a partilhar de uma mesma história. Nesse processo suas culturas mudam de conteúdo e de significado. Elas podem ser marcas de resistência à sociedade que as quer subjugar, tomar suas terras, colocá-la sob controle. Ao mesmo tempo, é inevitável que incorporem novos conhecimentos para que possam melhor resistir, que suas culturas se transformem para que as sociedades sobrevivam.

Assim, discutir sobre cultura implica sempre discutir o processo social concreto. E uma discussão que sempre ameaça extravasar para outras discussões e preocupações. Lendas ou crenças, festas ou jogos, costumes ou tradições – esses fenômenos não dizem nada por si mesmos, eles apenas dizem algo enquanto parte de uma cultura, a qual não pode ser entendida sem referência à realidade social de que faz parte, à história de sua sociedade.

Quero insistir na ideia de processo. Isso porque é comum que cultura seja pensada como algo parado, estático. Vejam o caso de eventos tradicionais, que por serem tradicionais podem convidar a serem vistos como imutáveis. Apesar de se repetirem ao longo do tempo e em vários lugares, não se pode dizer que esses eventos sejam sempre a mesma coisa. Assim, o carnaval brasileiro, por exemplo, tanto se transformou do início do século para cá, quanto se realiza de modo diverso em São Paulo, Rio de Janeiro, Salvador ou Recife. O fato de que as tradições de uma cultura possam ser identificáveis não quer dizer que não se transformem, que não tenham sua dinâmica. Nada do que é cultural pode ser estanque, porque a cultura faz parte de uma realidade onde a mudança é um aspecto fundamental.

No entanto, às vezes fala-se de uma cultura como se fosse um produto, uma coisa com começo, meio e fim, com características definidas e um ponto final. Facilmente encontramos referências à cultura grega, à cultura germânica, à cultura francesa e tantas outras. Nesses casos, o que se faz é extrair da experiência histórica de um povo produtos, estilos, épocas, formas, e constrói-se com isso um modelo de cultura. Essas construções podem servir a fins políticos, como, por exemplo, tornar ilustre a imagem de uma potência dominadora. Ao mesmo tempo, é comum que os interesses dominantes de uma sociedade veiculem uma definição para a cultura dessa sociedade que seja de seu agrado.

É preciso considerarmos que nem todos esses modelos se esgotam nesses fins. Eles podem também servir para que se meça o desenvolvimento das sociedades humanas e suas direções. Esses modelos podem registrar desenvolvimentos particulares, por exemplo na arte, na agricultura, na ciência; e ser também matéria de reflexão sobre a história. Podem, enfim, ser maneiras de formação de um repertório universal de conhecimento humano. Elementos de uma história da humanidade gerados no processo de formação de uma civilização mundial.

Quase não preciso dizer que mesmo esses modelos mudam: não se entende o que é cultura grega hoje do mesmo modo que no século passado, por exemplo. E é claro que esses modelos não são a cultura como a estamos entendendo aqui; são eles mesmos elementos culturais, que podem ser entendidos em relação ao processo social mais amplo.

Há outras maneiras correntes de falar sobre cultura, as quais são diferentes da que estamos desenvolvendo aqui, e iniciei esta parte mostrando várias delas. Antes de concluir, quero registrar mais uma para que o sentido em que vamos continuar falando de cultura fique, por contraste, bem claro.

Cultura é com frequência tratada como um resíduo, um conjunto de sobras, resultado da separação de aspectos tratados como mais importantes na vida social. Assim, extrai-se das atividades diretamente ligadas ao conhecimento no sentido amplo as áreas da ciência, da tecnologia, da educação, das comunicações, do sistema jurídico, do sistema político, às vezes a religião e os esportes. O que sobra é chamado de cultura. É como se fossem eliminados da preocupação com cultura todos os aspectos do conhecimento organizado tidos como mais relevantes para a lógica do sistema produtivo. Sobram, por exemplo, a música, a pintura, a escultura, o artesanato, as manifestações folclóricas em geral, o teatro. Muitas vezes as políticas oficiais de cultura são especificamente voltadas para essas atividades, já que para as outras áreas da vida social que nós estamos aqui considerando como parte da cultura desenvolvem-se políticas específicas.

Essa maneira de tratar a cultura, é, para nós, ela mesma

um tema de estudo, revela um modo pelo qual se atua sobre a dimensão cultural, indicando, no caso, um dos sentidos da atuação dos órgãos públicos, um sentido frequentemente fracionador da dimensão cultural, que trata de modo diferente a vários aspectos desta. Que fique então claro que para nós a cultura é a dimensão da sociedade que inclui todo o conhecimento num sentido ampliado e todas as maneiras como esse conhecimento é expresso. É uma dimensão dinâmica, criadora, ela mesma em processo, uma dimensão fundamental das sociedades contemporâneas.

A CULTURA
EM NOSSA SOCIEDADE

Uma das características de muitas das sociedades contemporâneas, inclusive a nossa, é a grande diversificação interna. A diferenciação básica decorre do fato de que a população se posiciona de modos diferentes no processo de produção. Basicamente há setores que são proprietários das fábricas, fazendas, bancos, empresas em geral, e há aqueles que constituem os trabalhadores dessas organizações. Quando se fala sobre classe social é frequentemente a respeito dessa diferenciação que se está fazendo referência. Essas classes sociais têm formas de viver diferentes, enfrentam problemas diferentes na sua vida social.

A diferenciação é, no entanto, mais complexa, pois não se pode dizer que as maneiras de viver sejam homogêneas nem dentro da classe trabalhadora nem dentro da classe proprietária. A realidade social enfrentada por trabalhadores rurais e suas famílias é diferente em muitos aspectos daquela enfrentada pelo operariado dos setores industriais de ponta, ou então dos comerciários. Há diferenças de renda, de estilos de vida, de acesso às instituições públicas tais como escola, hospital, centros de lazer. Da mesma forma, a diversificação acompanha a variedade de paisagens regionais do país. Além do mais, as distinções entre as classes sociais nem sempre são tão nítidas na vida cotidiana como podem ser na definição acima. Isso pode ser exemplificado pelo fato de que as grandes concentrações urbanas costumam registrar uma larga faixa de camadas sociais intermediárias, de limites imprecisos e características variadas, as quais são rotuladas de classes médias.

Estou falando isso para que possamos iniciar uma reflexão sobre como tratar a dimensão cultural em nossa própria sociedade. Se a cultura é dimensão do processo social, ela deverá ser entendida de modo a poder dar conta dessas particularidades. Observem que os parágrafos acima podem ser ainda mais detalhados; basta que aproximemos o foco de nossa atenção do colorido da vida social concreta. Poderemos então notar a diferenciação na vida social entre homens e mulheres; crianças, jovens e velhos. Poderemos nos indagar sobre as diferenciações que se notam segundo as afiliações e práticas religiosas, ou segundo as práticas médicas, ou alimentares. A lista não teria fim, mesmo porque teria de incluir as variações de cada um desses recortes no tempo. Nesses recortes da realidade social comum, podem ser localizadas maneiras de ver o mundo que prevaleçam mais em alguns do que em outros; ou então localizadas maneiras diferentes de se relacionar socialmente, por exemplo, na organização da vida familiar, ou da amizade, ou da vizinhança.

A nossa questão é discutir o que tem tudo isso a ver com cultura. Será que cultura se resume em expressar esses pequenos mundos? Notem que logo se poderia querer falar, a partir do exposto acima, na cultura dos jovens, dos católicos, dos bancários, das mulheres de classe média. Ou quem sabe dos jovens bancários católicos, ou das mulheres de classe média na região Sul na década de 1960. Algumas preocupações são, contudo, mais frequentes do que outras e vamos centrar atenção nelas. Assim, ao estudarmos cultura no Brasil, podemos nos preocupar em saber o que seria a cultura nacional, ou qual seria a importância dos meios de comunicação de massa na vida do país, ou indagarmos sobre a cultura das classes sociais ou sobre a cultura popular.

Popular x erudito

Comecemos por esta última indagação, a qual é bem antiga na história das preocupações com cultura. É que, a partir de uma ideia de refinamento pessoal, cultura se transformou na descrição das formas de conhecimento dominantes nos Estados nacionais que se formavam na Europa a partir do fim da Idade Média. Esse aspecto das preocupações com a cultura nasce assim voltado para o conhecimento erudito ao qual só tinham acesso setores das classes dominantes desses países. Esse conhecimento erudito se contrapunha ao conhecimento possuído pela maior parte da população, um conhecimento que se supunha inferior, atrasado, superado, e que aos poucos passou também a ser entendido como uma forma de cultura, a cultura popular.

As preocupações com cultura popular são tentativas de classificar as formas de pensamento e ação das populações mais pobres de uma sociedade, buscando o que há de específico nelas, procurando entender a sua lógica interna, sua dinâmica e, principalmente, as implicações políticas que possam ter.

Aquela origem antiga dessas preocupações continua a influenciá-la, e a cultura popular é pensada sempre em relação à cultura erudita, à alta cultura, a qual é de perto associada tanto no passado como no presente às classes dominantes.

De fato, ao longo da história a cultura dominante desenvolveu um universo de legitimidade própria, expresso pela filosofia, pela ciência e pelo saber produzido e controlado em instituições da sociedade nacional, tais como a universidade, as academias, as ordens profissionais (de médicos, advogados, engenheiros e outras). Devido à própria natureza da sociedade de classes em que vivemos, essas instituições estão fora do controle das classes dominadas. Entende-se então por cultura popular as manifestações culturais dessas classes, manifestações diferentes da cultura dominante, que estão fora de suas instituições, que existem independentemente delas, mesmo sendo suas contemporâneas.

É importante ressaltar que é a própria elite cultural da sociedade, participante de suas instituições dominantes, que desenvolve a concepção de cultura popular. Esta é assim duplamente produzida pelo conhecimento dominante. Por um lado porque, na formação de seu próprio universo de legitimidade, muitas manifestações culturais são deixadas de fora; por outro, porque é o conhecimento dominante que decide o que é cultura popular.

Vejamos como a cultura erudita e a cultura popular podem ser relacionadas nessas preocupações. Elas se desenvolvem a partir da polarização entre o erudito e o popular, a qual transfere para a dimensão cultural a oposição entre os interesses das classes sociais na vida da sociedade. Assim, como a existência das classes dominadas denuncia as desigualdades sociais e a necessidade de superá-las, sua cultura pode ser vista como possuidora de um conteúdo transformador. Da mesma forma, como a cultura erudita é desde sempre associada com as classes dominantes, sua expansão pode ser vista como colonizadora; a ampliação de seus domínios como, por exemplo, através da expansão da rede de escolas e de atendimento médico, pode ser entendida como uma ampliação das formas de controle social, que mantêm as desigualdades básicas da sociedade em benefício da minoria da população. Logo se nota que a polarização entre cultura popular e cultura erudita pode levar a conclusões complicadas.

Há sempre uma preocupação de localizar marcas políticas quando se opera esse tipo de polarização entre as duas concepções de cultura. Nesse sentido, o que se busca na cultura popular é seu caráter de resistência à dominação, ou seu caráter revolucionário em relação a esta.

Para ser pensada assim, a cultura popular tem de ser encarada não como uma criação das instituições dominantes, mas como um universo de saber em si mesmo constituído, uma realidade que não depende de formas externas, ainda que se opondo a elas. Pode-se a partir daí considerar como as religiões populares podem servir aos propósitos de defender os interesses das classes oprimidas, ou como festas populares podem ser momentos de manifestação da repulsa dos oprimidos contra os opressores.

O poder transformador da luta dos oprimidos contra os opressores é um fundamento das ciências sociais contemporâneas, e como estamos entendendo a cultura como uma dimensão do processo social é para nós óbvio que a luta política tem manifestações culturais. Parecem no entanto tênues os argumentos a favor desse tipo de ênfase na cultura popular e seu poder revolucionário. Vale a pena pensarmos mais um pouco sobre essa questão.

Quando se procura estudar a cultura popular, a primeira dificuldade é a de como tratá-la. Na maior parte dos casos estão ausentes instituições e núcleos de sistematização. Assim, por exemplo, como começar a discutir o que possa ser medicina popular? Vocês sabem por sua própria experiência de vida que há uma vasta gama de práticas e concepções de cura no país, e apenas algumas delas têm o beneplácito da aprovação oficial. Será que tudo que sobra é medicina popular? Essas práticas e concepções são difíceis de caracterizar, de esboçar com clareza. Entre outros motivos porque elas não dizem respeito só à cura; ou à explicação da doença e seu curso: estão associadas com práticas religiosas, com modos de interpretar a comida, com as relações entre pessoas de sexo e idade diferentes ou de posições familiares diferentes; seus limites se perdem na complexidade da vida social. E, fundamentalmente, não são homogêneas nas classes oprimidas. A única maneira de tratá-las é a partir de classificações que fazem sentido na cultura dominante. Criam-se assim modelos de religião, literatura, medicina populares.

Outro problema é que é muito difícil numa sociedade como a nossa estudar manifestações culturais que não estejam relacionadas às poderosas instituições dominantes e suas concepções. Isso vale para a medicina, para a religião, para a literatura, para a música. Essa constatação pode levar a que nessas preocupações de que estamos falando se busque o mais popular do popular, que se tente localizar na cultura o popular mais puro, um popular intocado e definitivamente original, que contenha ele sim o caráter revolucionário do saber popular em seu estado absoluto.

O que devemos reter dessas discussões é o quanto as concepções de cultura e o próprio conteúdo da cultura estiveram sempre associados às relações entre as classes sociais: a oposição entre cultura erudita e cultura popular é um produto dessas relações. Notem que essa oposição permanece mesmo mudando o conteúdo do que pode ser considerado erudito ou popular. Assim, o domínio da escrita e da leitura, outrora restrito a setores das classes dominantes, tende a se generalizar, deixando de ser um privilégio e não podendo mais ser considerado erudito. De fato, não faria sentido taxar de eruditas as exigências das classes trabalhadoras de alfabetização e de educação universal e gratuita, objetivos ainda longe de serem adequadamente alcançados em países como o nosso. O mesmo se pode dizer a respeito do conhecimento da história, da matemática, das ciências físicas e biológicas, antes privilégio indiscutível de pequenas elites.

Isso tudo nos leva a pensar quão enganosa pode ser a polarização entre cultura popular e cultura erudita. Ela cria problemas falsos, e se esvazia em confronto com a realidade social. Ela se sustenta em bases frágeis, pois as preocupações com a cultura popular são preocupações da cultura dominante e suas elites, o que mina na base aquela polarização. Surgem associadas ao processo político e representam projetos para as classes dominadas que partem das classes dominantes. As confusões que esse tipo de polarização podem provocar nos convidam a considerar a cultura nos processos sociais comuns desta sociedade de tantas contradições e conflitos de interesse.

As classes dominadas existem em relação com as classes dominantes, partilham um processo social comum, do qual não detêm o controle. A produção cultural, toda a produção cultural, é o resultado dessa existência comum, é um produto dessa história coletiva, embora seus benefícios e seu controle se repartam desigualmente. Este sim é o cerne da questão da cultura em nossa sociedade. Desfaz-se assim a ideia frágil de que uma parcela tão fundamental da sociedade possa ser vista como uma realidade isolada no plano cultural.

O popular na cultura

Deixando assim para trás essas preocupações polarizadoras, uma questão permanece: o que é ou pode ser considerado popular na cultura? Os cultos afro-brasileiros, como a umbanda e o candomblé, são populares? E o carnaval? E o futebol? E o sistema escolar, hospitalar, e a justiça – o que disso tudo é popular? Vemos pelo simples enunciado das questões que a indagação sobre o que é popular na cultura deve ser considerada com cuidado.

Pode-se dizer que as questões acima dizem respeito a dimensões de nossa vida social que têm origens históricas diferentes. Assim, será notado que o carnaval e os cultos afro-brasileiros desenvolveram-se a partir de tradições das populações trabalhadoras, com marcas muito fortes das origens africanas dessas populações. Nesse sentido pode-se estabelecer um contraste com, por exemplo, os sistemas escolar, hospitalar e jurídico, estes de origem europeia, tanto em sua organização interna quanto em suas concepções, e introduzidos pelas elites. Esse tipo de constatação é importante na medida em que nos leve a considerar as relações entre nossa cultura e nossa história, e nos dá indicações de como a população oprimida emerge na cultura com expressões fortes, próprias, generalizadas e reconhecidas.

O que é cultura 61

Mas é claro que nem o carnaval nem os cultos afro-brasileiros podem ser entendidos exclusivamente da ótica dessa origem que se pode chamar de popular. Afinal, é obviamente como parte do processo histórico da sociedade como um todo que ambos encontram condições de generalização. Consolidam-se com o crescimento das cidades do país, encontram forte expressão nos centros políticos e econômicos mais importantes, como é o caso de São Paulo e Rio de Janeiro. Transformam-se com o país e deixam de ser exclusivamente associados a uma parte da população, seja na sua prática, seja na sua organização.

De fato, se a origem do que existe na cultura fosse tão determinante, o futebol de origem inglesa e introduzido no Brasil por setores de elite no começo deste século não teria jamais conseguido a generalização que tem. Apesar de sua origem, não sei bem como se poderia insistir em que o futebol não é popular no Brasil. Raciocínios parecidos poderíamos fazer em relação ao espiritismo e à homeopatia, introduzidos no século passado entre setores das classes dominantes e provenientes da França.

Da mesma forma, as instituições dominantes de origem europeia, como as citadas anteriormente, transformaram-se com o processo de transformação do país, tornando-se um legado de toda a população. E se a educação, a saúde, a justiça não atendem aos interesses de toda a população, isso não se deve à sua origem, mas às desigualdades sociais que marcam a nossa sociedade.

Retomemos agora aquelas questões com as quais iniciei esta parte, quando falei sobre as relações entre aspectos da vida social e a cultura, para indagarmos a respeito de qual é exatamente o recorte da vida social ao qual cultura popular se refere. A categoria povo, à qual a expressão faz menção, é ainda mais difícil de definir do que classe social de que falamos no início. Em certo sentido, povo pode ser entendido como sendo toda a população de um país; em outro, como a população mais pobre; em outro, ainda, como toda a população trabalhadora, incluindo-se nela os pequenos proprietários rurais ou urbanos. São populações bem diversas, como se vê. É comum que cultura popular diga respeito a esta última parcela da população, mas nem sempre é esse o caso.

Para tentar reter o que é popular na cultura, nós poderíamos procurar entender quais são as expressões culturais dos processos sociais vividos pelas classes dominadas. Mesmo com toda a falta de homogeneidade de que já falei, nós poderíamos considerar que essas populações têm algumas características básicas derivadas de sua posição comum de inferioridade nas relações de poder na sociedade. Ao falarmos então do popular na cultura nós tentaríamos ver em que medida essas características se manifestam culturalmente, ver enfim como a opressão e a luta para superá-la marcam a esfera cultural.

Notem que isso é bem diferente de inventar uma cultura popular oposta a uma cultura erudita. Nós não estaríamos esperando encontrar formas de conhecimento e instituições necessariamente separadas de acordo com as classes sociais, nós estaríamos enfatizando, isso sim, as características sociais básicas da sociedade, buscando sua manifestação nos processos culturais comuns.

Observem que uma insistência em opor popular e erudito acabaria por operar às avessas: ao invés de nos preocuparmos com a realidade cultural de um setor da população, definiríamos o setor da população de acordo com a realidade cultural. Assim, levando aquela polarização ao limite, teríamos de separar do popular os setores operários que através de suas lutas conseguiram acesso à escolarização, à saúde pública, à habitação etc. Isso produziria apenas confusão, nunca entendimento da vida social. Ao contrário, só tem algum sentido falar em popular na cultura para marcar tudo que tenha a ver com o crescimento e fortalecimento das classes dominadas.

De modo que para resgatar essas preocupações com cultura popular será necessário relacioná-las sempre com os processos sociais que são próprios às populações às quais se referem, processos que exigem sempre que se refira à sociedade como um todo.

Julgo que essa atitude básica deva ser mantida quando se pensar em cultura em relação a outros recortes da vida social.

Pode-se assim discutir o que seja cultura de classe, procurar localizar características da cultura operária. É preciso assinalar, porém, que nem todo recorte da vida social tem o mesmo significado para a análise cultural. Falar, por exemplo, em cultura popular ou cultura de classe pode ter implicações diferentes. Pode revelar preocupações que não são as mesmas, indicar visões diversas da sociedade e da vida política.

Assim, falar em cultura popular pode implicar uma ênfase no modo de ser e sentir que seja típico de uma população, que seja característico dela, que seja mesmo um patrimônio seu. A mensagem política pode ser a de preservar e valorizar esse patrimônio. A discussão sobre cultura de classe pode ter uma ênfase diferente; pode implicar a consideração da relação das classes sociais entre si, entender como se realiza a desigualdade social, como se dá o exercício do poder na sociedade. A mensagem política pode ser aí a da transformação dessas relações sociais.

É preciso ressaltar que nem sempre as preocupações com cultura popular ou cultura de classe têm exatamente essas implicações políticas e de visão da sociedade. De qualquer modo, devemos ficar atentos para o fato de que o modo como se pensa a cultura de uma sociedade está sempre ligado a outras preocupações e às maneiras como se julga poder agir sobre ela.

Apesar das diferenças que pode haver entre as duas preocupações, falar em cultura de classe tem dificuldades em comum com o estudo da cultura popular. E difícil elaborar um rol de suas características que seja acabado, definitivo, que seja homogêneo para toda uma classe social. As próprias classes sociais, como já disse, demonstram grande variação interna, têm contornos imprecisos na prática. O que se pode fazer ao falar em cultura de uma classe social é procurar localizar os núcleos mais importantes de sua existência social, as relações que definem essa existência, procurando a expressão cultural deles. Mas essa é sempre uma preocupação limitada. A questão é entender a dimensão cultural da sociedade de classes como um todo, pois só assim se poderá esclarecer os significados das várias particularizações de cultura.

Tenho insistido em que ao pensar em cultura é preciso considerar os processos sociais que dizem respeito à sociedade como um todo. A cultura mantém relações complicadas com a sociedade de que faz parte. Ela é produto dessa sociedade, mas também ajuda a produzi-la, tanto porque está ligada à manutenção de concepções e de formas de organização e de vida, quanto porque está ligada à transformação destas. Assim, a cultura não é um mero reflexo dos outros aspectos da sociedade, não é um espelho amorfo. Na dimensão cultural é sempre possível antever e propor alterações nas condições de existência da sociedade. As manifestações culturais não podem ser totalmente reduzidas às relações sociais de que são produto. Elas também têm sua dinâmica própria. A cultura é criativa.

Mas se a cultura não está presa a uma camisa de força das outras dimensões da sociedade, também é fato que mantém com estas relações fundamentais. A questão principal aqui é saber como as características centrais da sociedade como um todo podem ser detectadas no plano cultural.

A comunicação de massa

No caso das modernas sociedades industrializadas é comum que elas sejam consideradas como sociedades de massa, onde as instituições dominantes têm de prover e até mesmo criar as necessidades de multidões e de seus participantes anônimos, da mesma forma que desenvolvem mecanismos eficazes para controlar essas massas humanas, fazê-las produzir, consumir e se conformar com seus destinos e sonhos.

Uma sociedade assim exige mecanismos culturais adequados, capazes de transmitir mensagens com rapidez para grandes quantidades de pessoas. Costuma-se considerar que ela exige uma cultura capaz de homogeneizar a vida e a visão de mundo das diversificadas populações que formam essas sociedades, ultrapassando barreiras de classe social e facilitando, por essas razões, o controle das massas. Tais instrumentos seriam principalmente o rádio, a televisão, a imprensa e o cinema. Essa cultura homogeneizadora, niveladora, teria o núcleo de sua existência num setor específico de atividade,

A indústria cultural parece homogeneizar a vida e visão de mundo das diversas populações.

a indústria cultural. Ela seria uma característica vital deste século, uma marca indiscutível da civilização mundial que se forma. Examinemos um pouco essas questões.

Não há dúvida de que a indústria da cultura, centrada nesses meios de comunicação de massa, é um elemento muito importante dessas sociedades modernas. O ritmo acelerado de produção e consumo, principalmente nos períodos de expansão das economias desses países, anda acompanhado de uma comunicação rápida e generalizada. As mensagens e informações circulam com velocidade compatível com a dos produtos materiais dessas sociedades. Além do mais, a indústria cultural é ela mesma uma esfera de atividade econômica, com inversões de capital, recrutamento de mão de obra especializada, desenvolvimento de novas técnicas, produção de bens e serviços. Da mesma forma, esses meios de comunicação são elementos fundamentais da própria organização social, e estão sem dúvida associados ao exercício do poder e à ordenação da vida coletiva.

Por todas essas razões, esses meios de comunicação de massa fazem parte da paisagem social moderna. Eles penetram em todas as esferas da vida social, no meio urbano ou rural, na vida profissional, nas atividades religiosas, no lazer, na educação, na participação política. Tais meios de comunicação não só transmitem informações, não só apregoam mensagens. Eles também difundem maneiras de se comportar, propõem estilos de vida, modos de organizar a vida cotidiana, de arrumar a casa, de se vestir, maneiras de falar e de escrever, de sonhar, de sofrer, de pensar, de lutar, de amar.

São meios de comunicação poderosos. Na sua produção há muita padronização de formas e controle do conteúdo do que é transmitido. Parecem dirigir-se a cada indivíduo particularmente, embora suas mensagens sejam comuns a todos e procurem gerar necessidades e expectativas massificadas. A lógica de sua maneira de funcionar é a homogeneização da sociedade, é o amaciamento dos conflitos sociais. No entanto, a cultura na sociedade contemporânea não se reduz ao conteúdo dos meios de comunicação de massa, nem a lógica do funcionamento da indústria cultural é necessariamente uma descrição da dimensão cultural da sociedade.

A própria indústria cultural não e imune às contradições da vida social, a começar do fato de que nela mesma os conflitos entre proprietários e empregados são comuns. Do mesmo modo, o controle sobre as mensagens transmitidas, ainda que muito forte, não é absoluto. Há também que considerar que as populações a que esses meios de comunicação se dirigem estão expostas a dificuldades sociais concretas e às tensões da vida cotidiana. É certo que os meios de comunicação também trabalham sobre essas esferas e procuram dar-lhes explicações e soluções. Mas por mais homogêneo que fosse seu conteúdo, não parece que sejam capazes de produzir uma massificação tão eficaz a ponto de substituir totalmente a percepção que seus consumidores têm de suas relações sociais e de suas vidas.

Assim, com todo suposto poder de homogeneização que têm os meios de comunicação de massa, essas sociedades continuam fortemente diferenciadas internamente, e suas histórias recentes são marcadas por conflitos de interesses entre classes e grupos sociais diversos. Assim, essas sociedades industriais têm mudado, apesar do suposto monolitismo e da suposta eficácia totalitária da cultura que produz para as massas.

Mesmo assim, não há dúvida de que essa cultura voltada para as massas é um elemento importante da discussão a respeito de cultura na sociedade moderna. Sua presença produz consequências objetivas nas visões de mundo das várias camadas da população, em seus planos de vida, em seus modos de agir. Mas para entendermos adequadamente a sua importância é preciso considerarmos os meios de comunicação de massa como elementos da vida social, elementos que não são absolutos, mas que se realizam em contextos sociais mais amplos. Se não fizermos isso, corremos o risco de nos enganarmos, estudando apenas as mensagens que esses meios de comunicação expressam, e acreditando que a cultura da sociedade contemporânea está sintetizada naquilo que esses meios dizem. As mensagens da indústria cultural, com propósitos de homogeneização e controle das populações, podem ser um projeto dos interesses dominantes da sociedade, mas não são a cultura dessa sociedade.

Cultura nacional

Se é então para considerarmos cultura em relação à sociedade como um todo, como uma dimensão da sociedade e de sua história, em que medida podemos falar de cultura nacional? Já vimos que entre cultura e nação há relações antigas; ambas são áreas de preocupação que estiveram associadas de perto em seu desenvolvimento; já falamos disso exemplificando com a Alemanha, a Rússia, os países das Américas. Nesse sentido, cultura é um conteúdo do que se entende por nação; a maneira como as nações modernas são concebidas é indissociável de preocupações com suas características culturais.

Mas a relação entre ambas é mais ampla do que isso. Cultura e nação são dimensões de referência necessárias para se entender o mundo contemporâneo. Observem que mesmo o confronto entre as classes sociais e seus interesses tem a cultura e a nação como marcos e panos de fundo inevitáveis, já que ambas lhe fornecem arenas institucionais, códigos de ação, projetos de desenvolvimento. Do mesmo modo não se pode compreender as tendências constatáveis na atualidade de fortalecimento de vínculos internacionais e de formação de uma civilização mundial, sem levar em consideração a ambas. Podemos observar com firmeza que o confronto entre as classes sociais transforma tanto a cultura quanto a nação, mas não se pode dizer que prescinda delas, que as possa ignorar. Antes, a transformação da sociedade exige sempre que o potencial tanto da cultura quanto da nação seja considerado.

Como as nações são unidades políticas da história contemporânea e como temos entendido aqui a cultura como uma dimensão do processo social, podemos tranquilamente pensar em cultura nacional. Ela é assim resultado e aspecto de um processo histórico particular; o modo como se dá o processo histórico garante que a cultura nacional assim descrita não seja uma invenção. É uma realidade histórica, resultado de processos seculares de trabalho e produção, de lutas sociais, consequência das formas como a nação se produziu. A cultura nacional é, portanto, mais do que a língua, os costumes, as tradições de um povo, os quais de resto são também dinâmicos, também sofrem alterações constantes.

Pode-se, assim, entender a cultura nacional como a cultura comum de uma sociedade nacional, uma dimensão dinâmica e viva, importante nos processos internos dessa sociedade, importante para entender as relações internacionais.

Mas, então, o que faz parte da cultura comum? Pode-se

argumentar que se cultura é dimensão do processo social, a pergunta não se justifica muito: todas as manifestações dessa dimensão fazem parte da cultura comum. No entanto, não é assim que as coisas se passam: ao se falar em cultura brasileira, por exemplo, há uma disputa para saber quais manifestações dessa dimensão cultural devem ser consideradas como fazendo parte dela. Isso porque não faz sentido discutir sobre cultura sem explicitar a visão que se tem da sociedade e as opiniões que se tem sobre seu futuro.

É hoje em dia comum que ao se falar em cultura brasileira se faça referência a certos comportamentos, os quais sempre dizem respeito a situações envolvendo desigualdade social ou política. Supostamente os brasileiros driblam as regras e exigências dos poderosos dando um jeitinho, e alguém poderia concluir que por serem capazes de burlar as relações de poder não estão muito preocupados em modificá-las. Essa visão de brasilidade descreve assim uma realidade estática, desigual, mas que tem mecanismos próprios de equilíbrio. Há ainda uma tradição de falar no espírito conciliatório do brasileiro, e isso sugere que é sempre possível acomodar os interesses mais díspares e contraditórios. Notem que para todas essas definições de brasilidade se pode encontrar exemplos. Mas não há por que obscurecer o fato de que as práticas conciliatórias não querem dizer conversas entre pares, mas implicam sim o reconhecimento de uma ordem de poder, de uma hierarquia entre eles. E uma aceitação de que tanto as posições nessa ordem quanto a própria ordem não estão, ao menos provisoriamente, sujeitas a transformação. Esses dois exemplos que dei podem assim vir acompanhados de uma visão conservadora da sociedade, e sua ênfase pode levar a ignorar as lutas sociais em prol de uma vida melhor para a população.

No passado foi muito comum atribuir valores diferentes às contribuições dos grupos humanos que constituíram a população brasileira, havendo então certa disputa sobre o grau de importância de europeus, indígenas e africanos na formação da cultura brasileira. No entanto um aspecto foi comum: a tendência a minimizar a importância das populações de origem africana, apesar de sua presença maciça na população durante séculos. E claro que isto está ligado a uma maneira de ver a sociedade enfatizando suas elites. Por razões diferentes as elites brasileiras deram muito valor no passado à herança indígena de nossa cultura: isso se deu acompanhando a consolidação da independência do país do domínio colonial europeu, e esteve ligado à busca de diferenciação em relação às sociedades europeias. Notem que nem por isso as populações indígenas existentes conseguiram garantir a posse de suas terras.

Vejam, pois, que há problemas para saber qual conteúdo de uma cultura nacional, para delinear suas características, para definir os aspectos que a fazem única. Essa discussão implica sempre como se entende os destinos de uma sociedade. As definições sobre o que venha a ser a cultura brasileira são, portanto, sempre valorativas, valorizam de modo diferente aspectos da dimensão cultural; estão sempre ligadas a uma maneira de encarar a sociedade. A discussão sobre cultura nacional tem sido um terreno fértil para a legitimação das relações de poder na sociedade. Discutir sobre a cultura comum pode da mesma forma ser uma maneira de tentar alterá-la, de mudar seu desenvolvimento. Seja como for, há sempre uma seleção ou rejeição de elementos de dentro da experiência histórica acumulada.

É enganoso, pois, pensar que a cultura comum seja um conjunto delimitado de características consagradas, pois a delimitação desses conjuntos e a sua própria consagração fazem parte de movimentos contemporâneos. Estão sempre ligados ao confronto de interesses em curso. Da mesma forma é enganoso pensar que a história da sociedade seja irrelevante para entender a sua cultura. O conhecimento acumulado e suas manifestações são um produto histórico da vida de uma sociedade e de suas relações com outras sociedades. É a história de cada sociedade que pode explicar as particularidades de cada cultura, as maneiras como seus setores, suas concepções, formas, produtos, técnicas, instituições se relacionam, formando uma teia que condiciona seu próprio desenvolvimento.

As disputas no interior de uma sociedade a respeito das alternativas para sua existência tanto se expressam na dimensão cultural como se beneficiam de sua riqueza. É dessas disputas que fazem parte os modos diferentes de entender a cultura comum. É que o legado cultural comum é um bem do qual tendências diferentes dentro da sociedade procuram se apropriar. Ele é uma das bases da continuidade e da transformação de uma sociedade.

Ao pensarmos sobre cultura, podemos estabelecer entre ela e a sociedade vários planos de relacionamento. Há aspectos importantes, por exemplo, das relações entre a cultura e a sociedade no Brasil que são comuns a outros países semelhantes. Assim, podemos notar que nas sociedades de classe se opera uma dissociação entre a produção material e o conhecimento, que são transformados em esferas de atuação separadas dentro da sociedade. Poderosas instituições consolidam essa dissociação. Assim, por exemplo, nas universidades e centros de pesquisa, o conhecimento em geral, a ciência e a tecnologia em particular são objeto de trabalho, matéria de produção. Essas instituições são controladas pelas classes dominantes da sociedade. Isso é muito importante nessas sociedades e temos de considerá-lo ao pensarmos em sua cultura.

É importante ressaltar que a ciência e a tecnologia são aspectos da cultura por causa do impacto direto que têm nos destinos das sociedades atuais. O seu controle é um dos aspectos das relações de poder contemporâneas. A tendência a pensar na cultura como algo meio separado do processo produtivo leva a ignorar essa questão importante. Notem que nesse sentido o controle do conhecimento é relevante não só para pensarmos as relações entre as classes sociais no interior da sociedade, mas também para pensarmos as próprias relações internacionais, posto que há uma concentração de desenvolvimento científico e tecnológico nas nações mais poderosas.

Entre a cultura e á sociedade há também planos de relacionamento mais específicos, como vimos ao longo desta parte, e que derivam da história de cada sociedade particular. Voltemos a eles. Assim, as maneiras como a ciência e a tecnologia existem no país são também resultado de outros fatores além dos mencionados acima; de decisões tomadas no passado, das instituições existentes e de sua dinâmica, dos setores em que a capacidade e a necessidade de investigação mais se desenvolveram. Apenas para dar um exemplo bem diferente daquele plano de relacionamento: o espiritismo e o espiritualismo têm uma presença bem marcada na vida cultural do Brasil, diferentemente de outros países, resultado de um século de existência no país. Nesse período, desenvolveram uma rede de instituições religiosas, de ensino, de caridade, editoriais e outras. Competiram com o catolicismo e as religiões afro-brasileiras no plano religioso, mas também com os sistemas públicos de educação, de atendimento à doença, aos menores abandonados, por exemplo. Expressaram uma mensagem de progresso lento e inevitável de larga aceitação pelas camadas sociais que se formaram no panorama urbano brasileiro no último século. Desenvolveram sistemas adequados de divulgação de suas ideias e formação em suas doutrinas. Para entender o seu crescimento no país tudo isso precisa ser levado em consideração.

Há outras maneiras de estudar a cultura, é claro, outros recortes a fazer, outras ênfases a dar. Eu mesmo iniciei esta parte mostrando que a diversidade da vida social poderia sugerir uma multiplicidade de manifestações da cultura, como por exemplo de grupos, categorias de pessoas. Nunca é demais ressaltar que nenhum grupo no interior de uma sociedade tem uma cultura autônoma ou isolada. É sempre necessário fazermos referência aos processos sociais mais amplos ao discutirmos questões culturais.

A discussão de cultura sempre remete ao processo, à experiência histórica. Não há sentido em ver a cultura como um sistema fechado. Isso não quer dizer que não possamos estudá-la. Podemos, por exemplo, indagar quais os processos próprios dessa dimensão cultural, como cada uma de suas áreas e manifestações se desenvolve, tem sua dinâmica; quais as instituições a ela ligadas mais de perto, as concepções nela presentes, as mensagens políticas que contêm. Podemos indagar sobre as tendências dessa dimensão cultural e discutir as propostas para seu desenvolvimento ou transformação.

A cultura em nossa sociedade não é imune às relações de dominação que a caracterizam. Mas é ingênuo pensar que, se a cultura comum é usada para fortalecer os interesses das classes dominantes, ela deve ser por isso jogada fora. O que interessa é que a sociedade se democratize, e que a opressão política, econômica e cultural seja eliminada. A cultura é um aspecto de nossa realidade e sua transformação, ao mesmo tempo a expressa e a modifica.

CULTURA E RELAÇÕES DE PODER

Podemos entender cultura como uma dimensão do processo social e utilizá-la como um instrumento para compreender as sociedades contemporâneas. O que não podemos fazer é discutir sobre cultura ignorando as relações de poder dentro de uma sociedade ou entre sociedades. Notem bem: o estudo da cultura não se reduz a isso, mas esta é uma realidade que sempre se impõe. Assim é porque as próprias preocupações com cultura nasceram associadas às relações de poder. E também porque, como dimensão do processo social, a cultura registra as tendências e conflitos da história contemporânea e suas transformações sociais e políticas. Além disso, a cultura é um produto da história coletiva por cuja transformação e por cujos benefícios as forças sociais se defrontam. Por tudo isso, a questão merece que pensemos um pouco mais sobre ela.

Saber e poder

O que quer dizer que as preocupações com cultura desenvolveram-se associadas às relações de poder? Lembrem-se que elas se consolidaram junto com o processo de formação de nações modernas dominadas por uma classe social; junto ainda com uma marcada expansão de mercados das principais potências europeias, acompanhando o desenvolvimento industrial do século passado. Por outro lado, consolidaram-se integrando a nova ciência do mundo contemporâneo, que rompia com o domínio da interpretação religiosa, transformando a sociedade e a vida em esferas que podiam ser sistematicamente estudadas para que se pudesse agir sobre elas.

As preocupações com cultura surgiram assim associadas tanto ao progresso da sociedade e do conhecimento quanto a novas formas de dominação. Notem que o conhecimento não é só o conteúdo básico das concepções da cultura; as próprias preocupações com cultura são instrumentos de conhecimento, respondem a necessidades de conhecimento da sociedade, as quais se desenvolveram claramente associadas com relações de poder.

Hoje em dia os centros de poder da sociedade se preocupam com a cultura, procuram defini-la, entendê-la, controlá-la, agir sobre seu desenvolvimento. Há instituições públicas encarregadas disso; da mesma forma, a cultura é uma esfera de atuação econômica, com empresas diretamente voltadas para ela. Assim, as preocupações com a cultura são institucionalizadas, fazem parte da própria organização social. Expressam seus conflitos e interesses, e nelas os interesses dominantes da sociedade manifestam sua força.

É uma característica dos movimentos sociais contemporâneos a exigência de que esse setor da vida social seja expandido e democratizado. Isso é particularmente importante quando se considera as mazelas culturais de um povo como o nosso, como, por exemplo, o analfabetismo, o controle do conhecimento e seus benefícios por uma pequena elite, a pobreza do serviço público de educação e de formação intelectual das novas gerações. Como vocês podem ver, as preocupações com a cultura mantêm sua proximidade com as relações de poder. Continuam associadas com as formas de dominação na sociedade, e continuam sendo instrumentos de conhecimento ligados ao progresso social.

Cultura e equívoco

Com tudo isso, não é surpresa constatar que o modo de conduzir a discussão sobre cultura possa ser entendido pela associação que tenha com essas relações de poder. Nesse sentido podemos constatar como os interesses dominantes da sociedade podem ser beneficiados por tratamentos equivocados da cultura. Vimos como o relativismo pode servir para encobrir aspectos mais candentes da organização social e da relação entre povos e nações, pois se encararmos o que ocorre na dimensão cultural como relativo a cada cultura ou a cada pequeno contexto cultural, então não haverá como emitirmos juízos de valor sobre o que ocorre na história: também a opressão, também o sofrimento das populações oprimidas serão vistos como relativos.

Da mesma forma, a cultura pode ser tratada como uma realidade estanque, de características acabadas, capaz de explicar a vida da sociedade e o comportamento de seus membros: se a cultura não mudasse não haveria o que fazer senão aceitar como naturais as suas características, e estariam justificadas assim as suas relações de poder. Vimos como a discussão sobre cultura pode conduzir a falsas polarizações, como no caso da oposição entre erudito e popular, ou a uma ideia de onipotência dos interesses dominantes, como pode ser o caso com a maneira de encarar a indústria cultural ou as instituições públicas diretamente ligadas à cultura. Também os aspectos da história comum de um povo podem ser selecionados e valorizados, como ocorre em discussões sobre a cultura nacional, de modo a ressaltar interesses estabelecidos.

É importante insistir no entanto em que o equívoco está na maneira de tratar a cultura, e nem sempre nos temas e preocupações que essas maneiras revelam. Assim, podemos reter da comparação entre culturas e realidades culturais diversas, a compreensão de que suas características não são absolutas, não respondem a exigências naturais, mas sim que são históricas e sujeitas a transformação. Da mesma maneira vimos que as preocupações com a cultura popular podem ser resgatadas se evitar-mos a polarização com o erudito e ressaltarmos as relações entre as classes sociais, e que os meios de comunicação de massa e as instituições públicas de cultura são elementos importantes da cultura contemporânea. Quanto à cultura nacional, não há por que deixar que dela se apropriem as forças conservadoras da sociedade.

Cultura e mudança social

A cultura, como temos visto, é uma produção coletiva, mas nas sociedades de classe seu controle e benefícios não pertencem a todos. Isso se deve ao fato de que as relações entre os membros dessas sociedades são marcadas por desigualdades

As preocupações com a cultura são institucionalizadas e fazem parte da própria organização social.

profundas, de tal modo que a apropriação dessa produção comum se faz em benefício dos interesses que dominam o processo social. E como consequência disso, a própria cultura acaba por apresentar poderosas marcas de desigualdade. O que nesse aspecto ocorre no interior das sociedades contemporâneas ocorre também na relação entre as sociedades. Há aí controle, apropriação, desigualdades no plano cultural.

É por isso que as lutas pela universalização dos benefícios da cultura são ao mesmo tempo lutas contra as relações de dominação entre as sociedades contemporâneas, e contra as desigualdades básicas das relações sociais no interior das sociedades. São lutas pela transformação da cultura. Elas se dão no contexto das muitas sociedades existentes, as quais estão cada vez mais interligadas pelos processos históricos que vivenciamos.

Retomamos assim os temas com que iniciamos este trabalho. É bom que seja dessa forma, pois podemos concluí-lo afirmando que num sentido mais amplo e também mais fundamental, cultura é o legado comum de toda a humanidade.

INDICAÇÕES PARA LEITURA

São inúmeros os textos que tratam de temas abordados neste trabalho. A relação a seguir destina-se àqueles que estão-se iniciando nessas preocupações. É uma relação pequena, e procurei indicar trabalhos que me parecem de fácil acesso. Eles incluem maneiras diferentes de tratar os temas da cultura, e vocês poderão constatar que nem sempre expressam opiniões coincidentes com as apresentadas aqui.

Dentre os incluídos na Coleção Primeiros Passos, destaco os seguintes:

O que é cultura popular, de Antônio Augusto Arantes Neto e *O que é ideologia*, de Marilena Chauí.

Sugiro também:

Antropologia Estrutural II, de Claude Lévi-Strauss, Editora Tempo Brasileiro. Coletânea de trabalhos do antropólogo francês, da qual destaco o texto intitulado "Raça e História". Escrito para a UNESCO e destinado a um público geral, discute as diferenças entre as culturas humanas e as maneiras de ordená-las.

Os Brasileiros: 1. *Teoria do Brasil*, de Darcy Ribeiro, Editora Vozes. Interpretação abrangente da formação do país, seu povo e cultura. Situa o Brasil em relação aos países das Américas e discute suas estruturas sociais e de poder. Dirigido a um público amplo. As dificuldades que o texto pode oferecer aos que se iniciam nessas reflexões são superáveis através de uma leitura dedicada.

O Caráter Nacional Brasileiro, de Dante Moreira Leite, Editora Pioneira. Contém uma sessão de discussão teórica das concepções de cultura nacional, e outra, de leitura mais acessível, onde desenvolve uma análise sistemática das concepções sobre o Brasil e o caráter nacional brasileiro desde o século XVI, procurando desvendar seus conteúdos ideológicos.

Carnavais, Malandros e Heróis, de Roberto DaMatta, Zahar Editores. Interpretação do Brasil a partir de uma análise de sua cultura, onde o estudo dos carnavais ocupa posição de relevo, partindo de uma comparação com as paradas e as procissões. São também analisados dois heróis da cultura a partir de fontes literárias. Dirigido ao público universitário.

A Cultura do Povo, organizado por Edênio Vale e José Queiroz, Cortez e Moraes Editores. Contém textos de vários autores sobre as questões da cultura popular, cultura de classes e suas relações. Os textos têm graus variados de complexidade.

Mariátegui, organizado por Manoel Bellotto e Anna Maria Correa, Editora Ática. Coletânea de textos do pensador e político peruano, agrupados em 4 sessões: ideologia, política americana, política internacional, arte e educação. São textos no geral claros e de fácil leitura.

O Negro no Mundo dos Brancos, de Florestan Fernandes, Difusão Europeia do Livro. Análise aprofundada da formação da sociedade brasileira, centrando nas relações entre as desigualdades raciais e sociais do país, reunindo escritos de épocas diferentes. A compreensão do texto pode ser dificultada se o leitor não tiver familiaridade com a linguagem sociológica.

Para Inglês Ver, de Peter Fry, Zahar Editores. Coletânea de ensaios abordando temas da cultura brasileira, preocupados com identidade e política, e focalizados em aspectos da influência africana no Brasil. Os textos têm linguagem acessível, ainda que contendo vocabulário específico ao meio acadêmico.

Sobre o autor

Nasci em Santos, SP, em 1949. Fiz meus estudos de Ciências Sociais e Antropologia nas universidades de São Paulo, Estadual de Campinas e de Londres. Sou há vários anos professor de antropologia na Unicamp, tendo passado alguns períodos no Museu Paraense Emílio Goeldi e no Museu do Índio.

Coleção Primeiros Passos
Uma Enciclopédia Crítica

ABORTO
AÇÃO
CULTURAL
ACUPUNTURA
ADMINISTRAÇÃO
ADOLESCÊNCIA
AGRICULTURA SUSTEN-
TÁVEL
AIDS
AIDS – 2ª VISÃO
ALCOOLISMO
ALIENAÇÃO
ALQUIMIA
ANARQUISMO
ANGÚSTIA
APARTAÇÃO
APOCALIPSE
ARQUITETURA
ARTE
ASSENTAMENTOS RURAIS
ASSESSORIA DE IMPRENSA
ASTROLOGIA
ASTRONOMIA
ATOR
AUTONOMIA OPERÁRIA
AVENTURA
BARALHO

BELEZA
BENZEÇÃO
BIBLIOTECA
BIOÉTICA
BOLSA DE VALORES
BRINQUEDO
BUDISMO
BUROCRACIA
CAPITAL
CAPITAL INTERNACIONAL
CAPITALISMO
CETICISMO
CIDADANIA
CIDADE
CIÊNCIAS COGNITIVAS
CINEMA
COMPUTADOR
COMUNICAÇÃO
COMUNICAÇÃO EMPRE-
SARIAL
COMUNICAÇÃO RURAL
COMUNIDADE ECLESIAL
DE BASE COMUNI
DADES ALTERNATIVAS

CONSTITUINTE
CONTO
CONTRACEPÇÃO

CONTRACULTURA
COOPERATIVISMO
CORPO
CORPOLATRIA
CRIANÇA
CRIME
CULTURA
CULTURA POPULAR
DARWINISMO
DEFESA DO CONSUMIDOR
DEFICIÊNCIA
DEMOCRACIA
DEPRESSÃO
DEPUTADO
DESIGN
DESOBEDIÊNCIA CIVIL
DIALÉTICA
DIPLOMACIA
DIREITO
DIREITO AUTORAL
DIREITOS DA PESSOA
DIREITOS HUMANOS
DA MULHER
DOCUMENTAÇÃO
DRAMATURGIA
ECOLOGIA
EDITORA

Coleção Primeiros Passos
Uma Enciclopédia Crítica

EDUCAÇÃO
EDUCAÇÃO AMBIENTAL
EDUCAÇÃO FÍSICA
EDUCACIONISMO
EMPREGOS E SALÁRIOS
EMPRESA
ENERGIA NUCLEAR
ENFERMAGEM
ENGENHARIA FLORESTAL
ENOLOGIA
ESCOLHA PROFISSIONAL
ESCRITA FEMININA
ESPERANTO
ESPIRITISMO
ESPIRITISMO 2ª VISÃO
ESPORTE
ESTATÍSTICA
ESTRUTURA SINDICAL
ÉTICA
ÉTICA EM PESQUISA
ETNOCENTRISMO
EXISTENCIALISMO
FAMÍLIA
FANZINE
FEMINISMO
FICÇÃO
FICÇÃO CIENTÍFICA
FILATELIA
FILOSOFIA
FILOSOFIA DA MENTE
FILOSOFIA MEDIEVAL
FÍSICA
FMI
FOLCLORE
FOME
FOTOGRAFIA
FUNCIONÁRIO PÚBLICO
FUTEBOL
GASTRONOMIA
GEOGRAFIA
GEOPOLÍTICA
GESTO MUSICAL
GOLPE DE ESTADO
GRAFFITI
GRAFOLOGIA
GREVE
GUERRA
HABEAS CORPUS
HERÓI
HIERÓGLIFOS
HIPNOTISMO
HISTÓRIA
HISTÓRIA DA CIÊNCIA
HISTÓRIA DAS MENTALI-
DADES
HISTÓRIA EM QUADRINHOS
HOMEOPATIA
HOMOSSEXUALIDADE
IDEOLOGIA
IGREJA
IMAGINÁRIO
IMORALIDADE
IMPERIALISMO
INDÚSTRIA CULTURAL
INFLAÇÃO
INFORMÁTICA
INFORMÁTICA 2ª VISÃO
INTELECTUAIS
INTELIGÊNCIA ARTIFICIAL
IOGA
ISLAMISMO
JAZZ
JORNALISMO
JORNALISMO SINDICAL
JUDAÍSMO
JUSTIÇA
LAZER
LEGALIZAÇÃO DAS DROGAS
LEITURA
LESBIANISMO
LIBERDADE
LÍNGUA
LINGUÍSTICA
LITERATURA INFANTIL

Coleção Primeiros Passos
Uma Enciclopédia Crítica

LITERATURA DE CORDEL
LIVRO
REPORTAGEM
LIXO
LOUCURA
MAGIA
MAIS-VALIA
MARKETING
MARKETING POLÍTICO
MARXISMO
MATERIALISMO DIALÉTICO
MEDIAÇÃO DE CONFLITOS
MEDICINA ALTERNATIVA
MEDICINA POPULAR
MEDICINA PREVENTIVA
MEIO AMBIENTE
MENOR
MÉTODO PAULO FREIRE
MITO
MORAL
MORTE
MULTINACIONAIS
MUSEU
MÚSICA
MÚSICA BRASILEIRA
MÚSICA SERTANEJA
NATUREZA

NAZISMO
NEGRITUDE
NEUROSE
NORDESTE BRASILEIRO
OCEANOGRAFIA
OLIMPISMO
ONG
OPINIÃO PÚBLICA
ORIENTAÇÃO SEXUAL
PANTANAL
PARLAMENTARISMO MONÁRQUICO
PARTICIPAÇÃO POLÍTICA
PATRIMÔNIO CULTURAL IMATERIAL
PATRIMÔNIO HISTÓRICO
PEDAGOGIA
PENA DE MORTE
PÊNIS
PERIFERIA URBANA
PESSOAS DEFICIENTES
PODER
PODER LEGISLATIVO
PODER LOCAL POLÍTICA
POLÍTICA CULTURAL
POLÍTICA EDUCACIONAL
POLÍTICA NUCLEAR

POLÍTICA SOCIAL
POLUIÇÃO QUÍMICA
PORNOGRAFIA
PÓS-MODERNO
POSITIVISMO
PRAGMATISMO
PREVENÇÃO DE DROGAS
PROGRAMAÇÃO
PROPAGANDA IDEOLÓGICA
PSICANÁLISE 2ª VISÃO
PSICODRAMA
PSICOLOGIA
PSICOLOGIA COMUNITÁRIA
PSICOLOGIA SOCIAL
PSICOTERAPIA
PSICOTERAPIA DE FAMÍLIA
PSIQUIATRIA ALTERNATIVA
PSIQUIATRIA FORENSE
PUNK
QUESTÃO AGRÁRIA
QUESTÃO DA DÍVIDA EXTERNA
QUÍMICA
RACISMO
RÁDIO EM ONDAS CURTAS
RADIOATIVIDADE
REALIDADE

Coleção Primeiros Passos
Uma Enciclopédia Crítica

RECESSÃO
RECURSOS HUMANOS
REFORMA AGRÁRIA
RELAÇÕES INTERNACIONAIS
REMÉDIO
RETÓRICA
REVOLUÇÃO
ROBÓTICA
ROCK
ROMANCE POLICIAL
SEGURANÇA DO TRABALHO
SEMIÓTICA
SERVIÇO SOCIAL
SINDICALISMO
SOCIOBIOLOGIA
SOCIOLOGIA
SOCIOLOGIA DO ESPORTE

STRESS
SUBDESENVOLVIMENTO
SUICÍDIO
SUPERSTIÇÃO
TABU
TARÔ
TAYLORISMO
TEATRO
TEATRO INFANTIL
TEATRO NÔ
TECNOLOGIA
TELENOVELA
TEORIA
TOXICOMANIA
TRABALHO
TRADUÇÃO
TRÂNSITO

TRANSPORTE URBANO
TRANSEXUALIDADE
TROTSKISMO
UMBANDA
UNIVERSIDADE
URBANISMO
UTOPIA
VELHICE
VEREADOR
VÍDEO
VIOLÊNCIA
VIOLÊNCIA CONTRA A MULHER
VIOLÊNCIA URBANA
XADREZ
ZEN
ZOOLOGIA